AF456592

1911 Juin 12

VENTE

HOTEL DROUOT - SALLE N° 11

Les Lundi 12 et Mardi 13 Juin 1911

A DEUX HEURES

Bons Meubles

ANCIENS ET MODERNES

TAPISSERIES

Objets de Vitrine, Faïences, Porcelaines

BRONZES, APPAREILS ÉLECTRIQUES

TABLEAUX - GRAVURES - AQUARELLES

ARGENTERIE - PLAQUÉ

BIJOUX AVEC BRILLANTS, PERLES et PIERRES DE COULEURS

TAPIS - TENTURES - RIDEAUX

Me Henry BRICOUT

COMMISSAIRE-PRISEUR

8, Rue Sainte-Cécile, 8

TÉLÉPH. 202-04

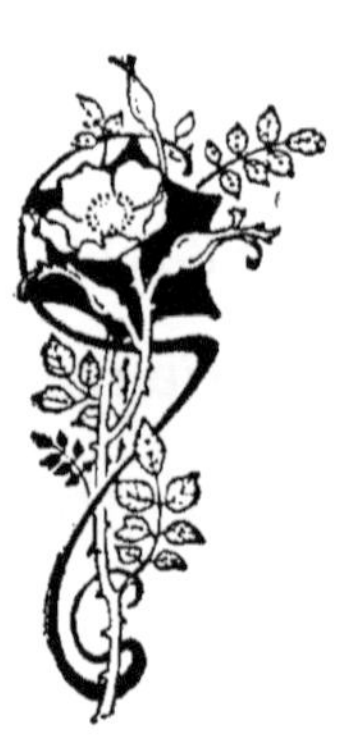

MPRIMERIE
C. CHAUFOUR
6-8, RUE MILTON
PARIS

CONDITIONS DE LA VENTE

La vente sera faite expressément au comptant.

Les acquéreurs paieront *dix pour cent* en sus des enchères.

L'exposition mettant le public à même de se rendre compte de la nature et de l'état des objets, aucune réclamation ne sera admise une fois l'adjudication prononcée.

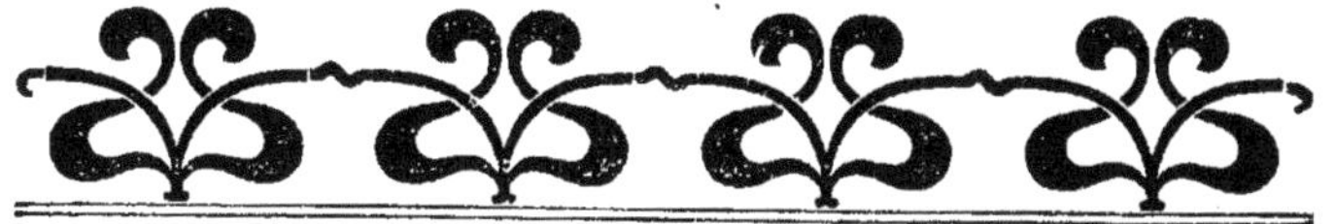

DÉSIGNATION

BIJOUX

1 — Paire boucles d'oreilles perles fines.

2 — Paire boucles d'oreilles brillants et petits brillants.

3 — Broche barrette perles fines et brillants.

4 — Pendentif nœud brillants et roses et perles fines.

5 — Broche paon brillants et roses.

6 — Broche forme pendentif, brillants et rubis.

7 — Devant de corsage argent doré, formé de sept plaques à pendeloques ornées de roses.

8 — Bague émeraude, entourage brillants.

9 — Bague platine, brillants et roses.

10 — Bague brillants, entourage saphirs calibrés.

11 — Bague croisée émeraude et brillant.

12 — Bague forme nœud brillant et roses.

13 — Bague jonc or, trois brillants.

14 — Chaîne de col or avec coulant.

15 — Bourse en or cotte de mailles.

16 — Montre boîtier de chasse remontoir.

17 — Montre de col, boîtier avec roses.

18 — Epingle de cravate brillant.

19 — Montre ancienne or Louis XVI.

20 — Croix normande en roses avec chaînette.

20 *bis* — Montre or à sonnerie.

ARGENTERIE

21 — Service à déjeuner grec argent, plateau incrusté or et argent, comprenant : deux carafes avec plateau, une salière, un coquetier, un sucrier, un beurrier, une coupe avec assiette, deux verres, deux couverts avec couteaux, deux assiettes.

Dans un coffre en acajou.
Maison CHRISTOFLE.

22 — Service de toilette argent guilloché. Dix pièces.

23 — Service à thé porcelaine décorée, monture vermeil.

24 — Lampe électrique cristal, monture vermeil.

25 — Pendulette cristal, applications vermeil.

26 — Boîte biscuit, cristal et vermeil.

27 — Jardinière cristal taillé et vermeil.

28 — Trois vases Sèvres, Copenhague, garnitures vermeil,

29 — Bol à sucre porcelaine décorée et vermeil, avec cuiller assortie.

30 — Corbeille ajourée vermeil, fond cristal.

31 — Deux jattes porcelaine décorée, garniture vermeil.

32 — Assiette à gâteaux vermeil.

33 — Une jatte argent.

34 — Un lot de passe-thé, ciseaux à raisin, cuillers, pelles à glace et à asperges, pinces à sucre, service à poisson, pièces hors-d'œuvre.

Sera divisé.

35 — Boîte à cigarettes, boîte a timbres, porte-cigarettes vermeil émaillé.

36 — Boîte cristal, garniture argent. Maison Sanner.

37 — Bougeoir style Louis XV.

38 — Un ouvre-gants.

39 — Douze couteaux et six fourchettes à lunch manches nacre.

40 — Un huilier. Maison Lavallée.

41 — Douze couteaux de table et douze à dessert, manches argent.

42 — Deux salières intérieur en métal.

43 — Une glace à main argent martelé.

44 — Un calice.

45 — Boîtes à brosses, à savon et à poudre, cristal et couvercles argent.

46 — Deux salières sans cristal.

47 — Un pot et cuvette avec initiales M M et couronne.

48 — Quatre plats ronds argent.

49 — Ecrin de douze cuillers à café et une pince à sucre vermeil.

50 — Dix cuillers, douze fourchettes argent filets. A. L.

51 — Six couverts à filets argent. A. L.

52 — Douze couteaux de table lames acier manches argent.

53 — Douze cuillers à café vermeil.

54 — Service de toilette cinq pièces manches argent.

55 — Service de toilette sept pièces, manches vermeil.

56 — Service à glace vingt pièces vermeil.

57 — Deux coquetiers et leur cuiller.

58 — Deux bouts de table.

59 — Une monture de verre.

60 — Une monture d'huilier.

61 — Coffret en argent.

62 — Douze cuillers à café argent.

63 — Deux sucriers argent.

64 — Un chemin de table surtout art nouveau. Signé H. S. Lerche.

65 — Lampe à friser.

66 — Jardinière cristal et argent.

67 — Vaporisateur garniture argent.

68 — Bidet argent (avec meuble).

69 — Icone russe argent doré.

PLAQUÉ

70 — Ecrins de douze couteaux et douze fourchettes.

71 — Quatre pièces hors-d'œuvre et pince à sucre.

72 — Dix couteaux lames acier et une truelle manche os.

73 — Un grand plateau métal argenté.

PORCELAINES

74 — Pintade porcelaine blanche.

75 — Deux cache-pots porcelaine décorée.

76 — Deux grands vases faïence italienne.

77 — Deux vases faïence ajourée forme tulipe.

78 — Poupée crinoline, porcelaine d'Allemagne.

79 — Deux bustes : Têtes d'enfants.

80 — Un groupe biscuit.

81 — Tonneau à calvados, faïence.

82 — Deux vases Japon.

83 — Deux vases craquelés de Chine.

84 — Dix-huit plats et assiettes faïences décoratives, Saxe, Sèvres, Rouen, etc.

85 — Service de table porcelaine blanche, filets or, initiales W. L. Environ deux cents pièces.

86 — Services divers, faïence et porcelaine.

87 — Service à café porcelaine de Sèvres. Empire. Composé de : Cafetière, pot à crême, deux sucriers, jatte, douze tasses et soucoupes.

88 — Service de verrerie. Environ cent pièces.

89 — Verrerie diverse.

90 — Service à thé et café porcelaine, Empire.

91 — Buste porcelaine de Sèvres.

92 — Coupe porcelaine de Sèvres, monture bronze.

93 — Potiche ancienne porcelaine de Chine, dessins fleurs bleu.

94 — Garnitures pièces porcelaine de Sèvres.

95 — Deux figurines porcelaine de Saxe.

96 — Deux potiches porcelaine de Chine.

97 — Plat en porcelaine de Saxe.

98 — Deux plats faïence reflets métalliques.

OBJETS DE VITRINE

99 — Boîtes rondes, décor au vernis, monture or et boîtes poudre d'écaille.

Sera divisé

100 — Boîte intérieur or avec miniature (Mme Chardin).

100 *bis* — Boîte écaille, sujets amours grisaille.

101 — Coffret ivoire à petits personnages.

102 — Boîtes à mouches incrustations.

103 — Deux éventails vernis Martin et ivoire avec peinture sur peau.

DENTELLES — GUIPURES

104 — Deux bandeaux gros filet.

105 — Dessus de lit filet broderie.

106 — Lot de dentelles noires et blanches.

Sera divisé.

DIVERS

107 — Jumelle photographique Carpentier 6 1/2 × 9, objectif Zeiss.

108 — Deux appareils photographiques Kodak.

109 — Petit album d'environ deux cent soixante timbres-poste.

110 — Jardinière cuivre ciselé de Damas.

111 — Plateau cuivre émaillé de Damas.

112 — Aiguière et son bassin émail de Canton, fond bleu dessins personnages.

113 — Quatre épées.

114 — Sabre ancien circassien, monture argent.

TABLEAUX — AQUARELLES

APOSSOLE

115 — Intérieur d'atelier.
Aquarelle.

BAIRD

116 — Moutons au pâturage.
Toile.

BLASSET (L.)

117 — Paysage : Les Laveuses.
Toile.

BOURGEOIS

118 — Intérieur de ferme.
Aquarelle,

CLOUET (FÉLIX)

119 — Nature morte : Faisans.
Deux pendants. Toile.

DESHAYES (EUG.)

120 — Sous bois.
Toile.

ECOLES DIVERSES

121 — Scène pastorale.
Panneau.

122 — Jeune femme tenant une colombe.
Toile.

123 — Jeune femme lavant.
Pastel.

124 — Moulins dans un paysage.
Toile.

125 — Vénus et Vulcain.
Toile.

126 — Esther et Assuérus.
Toile.

127 — L'Annonciation.
Panneau.

128 — Conversion Saint-Paul.
Toile.
Cadre chêne sculpté ancien.

GOPIZ

129 — Suite de quatre dessins : Scènes de fêtes foraines.

INNOCENTI

130 — Scène de cabaret.
Panneau.

LAURENS (Jules)

131 — Vue d'une mosquée à Ispahan.
Aquarelle.

LUNA (Ch. de)

132 — Zouaves jouant aux cartes.
Aquarelle.

MALIVOIRE

133 — Paysage.
Aquarelle.

MURATON (Euph.)

134 — Nature morte : Fruits.
Toile.

ROBERT (Karl)

135 — Femme au puits.
Fusain.

ROZIER (Jules) (1857)

136 — Paysage.
Panneau.

TANNEUR

137 — Marine.
Toile.

TESSON (L.)

138 — Scène turque.
Dessin gouaché.

VAN DER NEER

139 — Vue d'un moulin.
Panneau.

VOIGT (N.)

140 — Vaches et moutons dans un pâturage.
2 pendants, toile.

141 — 6 pièces encadrées, paysages, ruines, intérieur d'église.
Aquarelles et dessins.
Sera divisé.

GRAVURES

142 — L'Indiscrétion par LAWREINCE, gravé par JANINET.
Cadre bois sculpté.

143 — Suite de 3 gravures. L'accordée de village. Le jour de loyer. Le joueur de violon.

144 — 2 gravures en noir, épisodes de la guerre de Russie.

145 — 2 gravures, Marie-Antoinette. La Madeleine du CORRÈGE.

146 — 1 gravure, Le Mur de Salomon.

147 — Gravure encadrée, Alexandre et Darius.

148 — 2 petites gravures anglaises, portraits de femme.

149 — 2 gravures. La Bonne Chère. Le Mérite superficiel.

150 — 2 gravures anglaises. Mail coach et chaises de poste

151 — Gravures. La Sentinelle en défaut. Dernières paroles de J.-J. Rousseau.

152 — 2 gravures anglaises. Courses.

153 — 2 gravures, courses, par VERNET.

154 — Portique en perles (à la mémoire de Louis XVI). Encadré.

BRONZES

155 — 2 girandoles bronzes et cristaux.

156 — Garniture bronze doré, style Louis XV.

157 — Pendule et candélabres, 5 lumières.

158 — Lustre bronze doré, style Louis XV.

159 — Petite garniture, style Louis XV, pendule avec amours et 2 flambeaux.

160 — Lanterne de vestibule à gaz, bronze doré.

161 — Groupe en bronze, Enée, Anchise et Ascagne, édition Barbedienne.

162 — 2 lampes en bronze, édition Barbedienne, équipées à l'électricité, socles marbre noir.

163 — 2 petits vases, bronze japon.

164 — 2 statuettes enfants. Le nid et le papillon.

165 — 2 flambeaux marbre rouge et bronze.

166 — 2 flambeaux marbre rouge et bronze.

167 — 2 candélabre Empire, marbre gris et bronze.

168 — Grand vase bronze à papillons sur socle marbre noir (cage de pendule), bas-relief bronze.

169 — Galerie de foyer, pelle et pincettes, fer nickelé.

170 — 2 chenêts bronze à figures Dieu et Déesse.

171 — Galerie de foyer, bronze doré, style Louis XVI.

172 — Garniture de cheminée, marbre noir TAINGO avec sujet bronze de PRADIER (édition SUSSE).

173 — 2 vases cristal, monture bronze col de cygne.

174 — 2 coupes cristal, monture bronze, style Empire.

175 — 1 groupe Bacchantes (CLODION).

176 — 1 groupe, Va Bébé (CARLIER).

177 — 1 groupe, L'Automne (CARRIER BELLEUSE).

178 — 2 candélabres bronze doré, statuettes femme patine brune, style Empire.

179 — Cartel bronze doré, style Louis XV, signé de LABROUE.

180 — Pendule fût marbre gris, buste de jeune femme, bronze de CLÉSINGER. Edition Barbedienne.

181 — Garniture de cheminée, bronze doré et plaques porcelaine.

182 — Pendule marbre noir avec sujet, femme et amour, bronze de VITTOZ.

183 — Lustre et applique bronze avec fleurettes équipés à l'électricité.

184 — Lustre fer nickelé, équipé à l'électricité. 12 lumières.

185 — Suspension jardinière 10 lumières bronze cloisonné.

186 — Lampe et flambeau de bureau cuivre poli, équipes à l'électricité.

187 — Six lampes faïence et porcelaine diverses, monture bronze.

188 — Grande suspension bronze doré, lampe et dix-huit lumières, équipées à l'électricité.

189 — Suspension neuf bougies équipées à l'électricité avec lampe au pétrole.

190 — Plafonnier et appliques à gaz et à l'électricité.
Sera divisé.

191 — Deux bustes bronze : Voltaire sur socles marbre.

192 — Pendulette de voyage.

193 — Petits bronzes divers : mortier, coupes, brouettes, porte-allumettes, vases, bougeoirs, cachets, charrues.
Sera divisé.

194 — Miroir de toilette cadre bronze sur chevalet peluche.

195 — Garniture de cheminée style Louis XV bronze doré.

196 — Garniture de cheminée style Louis XVI bronze doré.

197 — Six appliques bronze doré style Louis XIV équipées à l'électricité.

198 — Lanterne de vestibule bronze style Louis XVI.

199 — Deux chevaux de Marly d'après COUSTOU.

200 — Une statuette : Amour à l'arc.

201 — Pare étincelle éventail.

MEUBLES

202 — Ameublement de salle à manger Renaissance, noyer ciré, comprenant : grand buffet six portes, table ovale cinq allonges, deux dessertes, huit chaises recouvertes velours vert.

203 — Ameublement de salle à manger noyer ciré, style Henri II, Buffet-crédence six portes, table carrée, huit chaises drap rouge.

204 — Ameublement de salle à manger chêne sculpté.

205 — Vitrine noyer ciré, intérieur peluche avec soubassement deux portes pleines, attributs de la Musique.

206 — Buffet provençal noyer avec ferrures.

207 — Salle à manger poirier noirci, composé de : Buffet bas avec desserte, table et huit chaises garnies drap vert.

208 — Chambre à coucher art nouveau, comprenant : Armoire à trois portes avec glace au centre. Lit de milieu et table de nuit.

209 — Grande armoire trois portes pleines, bois laqué blanc.

210 — Bibliothèque vitrée corps sur corps, soubassement à tiroir et deux portes pleines bois noir.

211 — Casier art nouveau noyer ciré, quinze cases avec rideau.

212 — Casier avec partie supérieure fermant avec porte grillagée.

213 — Ameublement de chambre à coucher style Louis XV palissandre ciré, comprenant : Lit de milieu et sa literie, armoire à glace à fronton, table de nuit chiffonnier et commode-secrétaire, dessus marbre blanc.

214 — Meuble de salon cinq pièces, style Louis XV, bois laqué blanc et soierie.

215 — Meuble de chambre à coucher noyer ciré, style Louis XV.

216 — Chiffonnier bois de rose.

217 — Meuble japonais genre bois de fer.

218 — Deux consoles bois doré, style Louis XVI.

219 — Chiffonnier marqueterie de bois de rose et bronze, dessus marbre blanc.

220 — Table à ouvrage ovale, marqueterie de nacre.

221 — Table-guéridon quatre abattants palissandre.

222 — Table-guéridon marqueterie de bois et bronze, pieds croisillon avec vase bronze.

223 — Table de nuit style Louis XVI acajou, filets cuivre.

224 — Table de jeu bois noir.

225 — Liseuse palissandre.

226 — Bureau surmonté de vitrine bois de rose, orné de bronzes. Style Louis XVI.

227 — Petite armoire-applique bois laqué blanc, six panneaux à glace.

228 — Petit bureau, toilette, trois armoires vitrées, glaces, trois casiers à dentelle, bois laqué blanc.

229 — Boite à ouvrage acajou sur chevalet.

230 — Table à ouvrage palissandre ciré à abattants, formant petit guéridon.

231 — Table à thé style Louis XVI ,acajou et cuivre.

232 — Commode style Louis XVI, acajou et cuivre.

233 — Guéridon bois noir.

234 — Table-gigogne bois doré.

235 — Chevalet à mécanique.

236 — Table-gigogne bois laqué noir et filets or.

237 — Lit cuivre d'une personne avec sa literie.

238 — Deux paravents feuilles brodées et tissées.

239 — Ecran bois doré, feuille oiseau et canards tissés or.

240 — Coffre à bois recouvert de tapisserie-verdure.

241 — Un canapé et deux fauteuils bois laqué blanc, style Louis XVI, dossier et siège cannés, appuie-bras et coussins velours frappé rose.

242 — Petit canapé noyer ciré et or, style L. XVI, étoffe brochée.

243 — Bergère noyer ciré, style Louis XVI, étoffe brochée.

244 — Deux fauteuils noyer ciré, style Louis XVI, étoffe brochée.

245 — Sept chaises bois doré, style Louis XVI, étoffe brochée.

246 — Six chaises foncées de canne noyer filets noirs.

247 — 6 chaises, dossiers et sièges garnies, tapisserie, verdure.

248 — Canapé Empire, têtes de cygne.

249 — Bergère avec coussin soie [illegible].

250 — 4 chaises acajou Empire.

251 — 2 fauteuils Directoire.

252 — Casiers à musique.

253 — Tabourets de piano.

254 — Fauteuils et sièges divers.
Sera divisé.

255 — Coffre-fort de Fichet.
Haut. : 1m40×0m80.

256 — Seau à charbon et la pelle, cuivre rouge.

257 — Glace de Venise à fronton.

258 — Planche de cheminée, tapisserie verdure.

259 — Jardinière noyer ciré, style Louis XVI.

260 — Banquette noyer ciré d'antichambre.

261 — Poudreuse marqueterie de bois, style Louis XV.

262 — Table guéridon, style Empire.

263 — Encoignure marqueterie, filets de cuivre.

264 — Encoignure acajou.

265 — Grande console bois sculpté, laqué.

266 — Prie-Dieu, bois sculpté.

267 — Glace cadre bois sculpté.

TAPISSERIES

ETOFFES ANCIENNES

268 — Tapisserie verdure. La Mort de Cléopatre.
Haut. : 3m50 ; Larg. : 2m56.

269 — Portière tapisserie verdure.
Haut : 2m10 ; Larg. : 1m05.

270 — Portière tapisserie verdure et volatile.
Haut. : 2m05 ; Larg. : 1m35.

271 — Lot de bandeaux d'autel, chasubles, manipules, soieries brochées et brodées.
Sera divisé.

272 — Morceau étoffe ancienne fond rose.

273 — Morceau étoffe ancienne fond bleu.

274 — Pièce brodée sur velours fil or, ancien Maroc.

275 — Couvre-lit ancienne toile portugaise brodée soie multicolore.

276 — Lot étoffes et broderies Chine et Orient.
Sera divisé.

277 — Lot de morceaux étoffes anciennes.
Sera divisé.

TENTURES. TAPIS

278 — 12 paires rideaux de fenêtre, velours, reps, drap avec application, soie brochée.
Sera divisé.

279 — 3 paires rideaux soie vieux rose brodé.

280 — Grande carpette Smyrne.

281 — Grand tapis d'Aubusson.

282 — Grande carpette moquette fond beige.

283 — Tapis de Galerie Orient.

284 — Carpette Orient.

285 — Carpettes, descentes de lit et devants de foyers, moquettes diverses.
Sera divisé.

286 — 1 tapis d'Orient.

287 — Tapis Smyrne velouté fond bleu, bordure rouge à fleurage polychrome.
6m×4m.

288 — Tapis Smyrne fond rouge à médaillon bleu vert avec bordure.
3m×2m60.

289 — Tapis persan velouté fond bleu, bordure rouge, fleurs multicolores.
3m50×4m environ.

290 — Tapis de galerie fond bleu, bordure rouge (ancien tapis de Yortès.

291 — Tapis ancien Daghestan fond jaune, bordures roses.

292 — Tapis de Boukara ancien fond rouge.

293 — Tapis ancien Orient fond rouge à dessins polychromes.

294 — Tapis ancien de Chiraz fond bleu à bordures multicolores.

295 — Tapis ancien de Chirvan fond bleu, dessins médaillons polychromes.

296 — Tapis de prière brodé or sur drap rouge. Ancien travail turc.

297 — Objets omis.

www.ingramcontent.com/pod-product-compliance
Ingram Content Group UK Ltd.
Pitfield, Milton Keynes, MK11 3LW, UK
UKHW022154260726
13993UKWH00005B/2374